# LA VÉRITÉ

SUR LE

# COMPLOT ROYALISTE

PAR

PECH DE CADEL



---

**Prix : 50 Centimes**

---

PARIS
IMPRIMERIE DE L'OUEST ET DU COMMERCE
J. DENOLLY, 46, RUE HALLÉ
1883

Au moment où j'allais envoyer cette brochure à l'Imprimerie, on me monte le « GIL BLAS »

L'ignoble gredin qui s'appelle : Fernand Xau, furieux du démenti que je lui ai infligé, bave contre moi de telles accusations, appuyées sur de si audacieux mensonges, que je vais être obligé de le traduire devant les tribunaux, l'immonde personnage ayant prudemment déclaré qu'il ne recevrait pas mes témoins, et ne voulant pas exposer d'honnêtes gens à se trouver en contact avec lui.

Je n'ai pas, Dieu merci, à craindre de faire la lumière sur mes antécédents.

Je souhaite que M. Xau puisse en faire autant.

F. PECH DE CADEL.

# AVANT-PROPOS

Il y a huit ou dix jours, M. Laisant, le député qui cherche toujours la petite bête, même parmi ses collègues, a annoncé dans son journal, la *République radicale*, qu'il en avait trouvé une grosse, cette fois dans le « gouvernement ».

Tout d'abord personne n'a pris garde à cette découverte peu imprévue.

Puis, à court de choses drôles, par ce temps de vacances parlementaires, les journaux parisiens se sont occupés de la trouvaille annoncée. Chacnn d'eux, mettant les lunettes politiques dont il se sert d'ordinaire, a examiné ce que lui montrait l'infatigable dénicheur de curiosités et a raconté à ses lecteurs ce qu'il avait cru apercevoir.

Cependant quelques-uns de ces journaux ont insinué que la grosse bête n'était pas celle que l'on disait, et que le Barnum de la rue Cadet avait bien pu, cette fois, faire erreur sur la matière, bien qu'il se fut adressé, pour la traiter, à celui de ses rédacteurs qui s'appelle Richer.

Indignation du journal de M. Laisant qui accumule aussitôt les renseignements, monte sur sa grande plume de bataille, et crie à tue-tête que, comme autrefois les oies du Capitole, il a sauvé la cité républicaine.

Les Barbares d'aujourd'hui étaient les royalistes !

Conduits par un nouveau Brennus, le général de Charette, les ennemis devaient se rendre maitres de la place mal gardée par le prêteur Camescasse.

Les Bretons étaient prêts à marcher, bien armés, bien commandés, ayant des signes de ralliement, des lieux de concentration, des lignes d'attaque et d'investissement.

Le complot était mûr.

Que signifiait l'inertie du gouvernement !

Nous sommes trahis ! clame la *République radicale*, et elle expose dans sa salle de rédaction les emblèmes séditieux qu'on lui avait remis.

Elle dénonce comme « agent principal des conspirateurs un petit journaliste réactionnaire, reporter sans importance, ambitieux et intrigant, fort actif. »

Puis, pour allécher ses lecteurs, elle fait seconder cet agent par « un personnage dangereux, dépendant de la préfecture de police. »

Du coup, la presse parisienne de toutes nuances, piquée au vif, s'occupe sérieusement de ces révélations.

D'un côté, on nie carrément l'existence du complot.

De l'autre on prétend que décidément la chose est vraie.

Sur ces entrefaites, un reporter du *Gil Blas* raconte, à sa façon, une conversation qu'il a eue avec le soi-disant agent principal des royalistes, le journaliste réactionnaire P... de C..., qui, dit-il, lui a avoué avoir, en effet, fabriqué les pièces, vendues, par une personne qui les lui avait volées, à M. Lai sant, et s'en être servi pour mystifier le préfet de police.

Tolle général !

M. Laisant, qui décidément se voit mystifié pour de bon, n'est pas loin de demander la tête, non pas de son mystificateur, mais celle de M. Pech de Cadel, qui se serait moqué du préfet.

Tout le monde parle à la fois.

L'un veut la démission du préfet.

L'autre sa révocation.

Celui-ci décrit les cœurs verts, blancs, rouges et bleus qui servaient de soi-disant signes de ralliement aux pseudo-conjurés.

Celui-là dit que le dégoût l'envahit.

Les uns racontent que le préfet est un malin qui ne s'est pas laissé tromper.

Les autres qu'il y avait réellement un complot, misérablement avorté, mais que, pour donner le change à la police, les royalistes auraient chargé M. P. de C. de commencer une mystification, qu'il dévoilerait ensuite, pour endormir les soupçons du préfet.

On a raconté même tellement de choses, que personne ne comprend plus un mot à cette affaire, et que les journalistes soi-disant informés, n'y voient que du bleu, celui des fameux cœurs probablement, sauf ceux qui voient rouge, comme les radicaux, ou vert comme ceux qui réclament le bagne pour M. P. de C.

J'ai essayé de donner, dans le *Temps* du 22 août, l'explication de l'affaire.

Ce journal lui-même, sérieux d'ordinaire, après avoir inséré ma lettre, a donné, lui aussi, son petit roman, appuyé, dit-il, sur des renseignements particuliers !

On m'accordera bien ceci, c'est que si quelqu'un est au courant de l'affaire, c'est moi.

Aussi ai-je voulu la raconter dans cette brochure et répondre ainsi aux nombreux journaux qui ont, par leurs racontars fantaisistes, donné lieu à l'imbroglio dans lequel se débat l'opinion.

# LA VÉRITÉ SUR LE COMPLOT

Je vais d'abord raconter les diverses phases qui ont précédé la mise sur le papier de la mystification projetée, et réduire à néant les accusations intéressées qui ont été portées soit contre M. Camescasse, soit contre un commissaire de police, bien innocent dans toute cette affaire.

Au mois d'octobre de l'année dernière, je rencontrai au café du Helder un de mes compatriotes, aujourd'hui commissaire de police à Paris, très aimable et très honnête homme.

Nous causâmes du pays, de ma famille que connaissait mon interlocuteur, de mes occupations, de la situation politique, et, comme je citais le nom d'un journal bonapartiste, le commissaire me demanda si je connaissais quelques notabilités du parti impérialiste, entre autres M. J. Amigues, notre compatriote.

Je répondis que je connaissais, de vue, plusieurs impérialistes de marque, mais que ne m'occupant pas de politique, je n'avais jamais eu l'occasion d'entrer en rapports directs avec eux.

Plusieurs fois, le commissaire vint me voir dans les mêmes conditions.

Je n'avais aucune raison de l'éviter, et je lui fis oujours bon accueil.

Un jour, cependant, en causant d'un article qui venait de paraître, mon compatriote me dit : « Vous qui connaissez beaucoup de bonapartistes, vous devez savoir s'ils espèrent faire bientôt une manifestation. »

— Ma foi, non, répondis-je, je ne m'occupe pas de politique, et je ne sais pas ce qui peut arriver.

Deux ou trois fois, à des jours différents, la même question me fut adressée, et je répondis toujours de même.

Toutefois mon attention avait été éveillée, et je racontai la chose à un de mes camarades, écrivant dans le *Petit Caporal*.

—J'ai bien envie, lui dis-je, de faire une plaisanterie. Si la question se renouvelle, nous pourrions jouer un tour au gouvernement, en supposant que le commissaire ait l'intention de donner au préfet les renseignements qu'il pourrait obtenir de moi, par surprise. Voulez-vous en parler à M. Dichard ?

— Volontiers, répliqua mon camarade.

En effet, la proposition fut faite à M. Dichard, qui ne voulut rien faire avant que nous n'eussions vu M. Amigues.

Le surlendemain je fus présenté à M. Amigues par M. C..., le camarade auquel j'avais tout d'abord parlé de l'affaire.

M. Amigues me demanda à quel résultat j'espérais arriver. Je le lui dis, et il ne crut pas devoir entrer dans cette voie, sans résultat évident, à son avis.

Je ne pensais plus à cette affaire quand le commissaire revint me trouver.

Nous parlâmes politique générale et il ne manqua pas de me demander de nouveau : « Croyez-vous à un mouvement bonapartiste. »

Cette fois je lui répondis d'un air très sérieux :

« Je crois les bonapartistes prêts à l'action et il paraît qu'ils vont lancer un manifeste. »

Le surlendemain était affiché le manifeste du prince Napoléon !

On sait ce qui s'en suivit.

Je ris beaucoup de cette singulière coïncidence, car il était évident que le commissaire n'avait pas rapporté mon propos et que le gouvernement avait été complétement surpris par l'affichage du manifeste.

Il me parut aussi évident que les questions du commissaire avaient été faites sans intention de profiter d'un renseignement obtenu par surprise.

Je racontai, plusieurs jours après, cette petite histoire à M. C..., qui m'avait présenté à Jules Amigues.

Mû évidemment par le désir, bien naturel, d'être désagréable au gouvernement républicain, il raconta l'affaire, en l'enjolivant fortement, dans le numéro du *Petit Caporal*, portant la date du 23 janvier 1883.

Voici l'article :

## LA VÉRITÉ

Le moment est venu de dire la vérité sur l'arrestation arbitraire et la prévention inique dont est l'objet en ce moment le prince Napoléon.

Il y a trois mois et plus, un haut fonctionnaire de la police, jadis fort impérialiste, aujourd'hui zélé serviteur de la République, s'adressait timidement et surtout maladroitement, à l'un de nos amis, qu'il supposait à tort capable de trahir le parti impérialiste.

Ces ouvertures répétées amusèrent beaucoup notre ami qui nous en fit part d'ailleurs le premier jour.

Il pensa tont d'abord et uniquement a mystifier le gouvernement.

Il nous demanda de concourir à cette farce.

Il nous parut que le moment était mal choisi, mais, piqué au jeu, notre ami, en nous en prévenant, du reste voulut jouer un bon tour au gouvernement.

Tout seul il inventa, il machina un complot.

Il prit un véritable plaisir à duper son naïf séducteur.

Il découvrit une organisation occulte du parti, embrassant le monde civil et militaire. Notre ami fit si bien enfin que l'agent supérieur de la R. F. se persuada qu'il avait dans les mains tous les éléments d'une conspiration bonapartiste. M. X... ne s'en tint pas de joie et s'empressa d'aller faire son rapport à son chef immédiat.

C'était le matin du 16 janvier, au moment où la préfecture de police découvrait les affiches du prince Napoléon.

Plus de doute ! La coïncidence ne pouvait être fortuite ! Le complot était évident ! L'action allait se produire !

On arrête le prince.

Ce qui donne à ce récit sommaire la marque indéniable de la vérité, c'est que le fonctionnaire qui s'est laissé duper et qui a entraîné le gouvernement à sa suite, habite tout près de la demeure du prince Napoléon.

*
**

Il est plus que probable que le commissaire n'eut pas connaissance de cet article, et il est certain que je ne lui écrivis pas pour le lui signaler, contrairement à ce que raconte M. Xau, dans l'article du *Gil Blas*.

Il n'est pas possible de supposer un seul instant que si cet article fût tombé sous les yeux du commissaire, il n'eût été immédiatement éclairé sur mon compte.

Au contraire, le fonctionnaire dut croire que je lui avais livré, par imprudence, le secret du manifeste, et me supposa t-il très avant dans la confiance des chefs du parti.

On sait, en effet, que le prince Napoléon ne s'était ouvert de son dessein qu'à deux ou trois personnes.

Evidemment le commissaire dut regretter de ne pas avoir fait son profit de ma confidence.

Un mois environ se passa après cet incident. Je n'avais plus revu mon compatriote quand, un beau soir, à l'Eden, où il était de service, je le rencontrai.

Pour des raisons d'un ordre tout à fait privé, j'avais l'intention d'aller, malgré l'horrible temps d'alors, faire un voyage en Bretagne. Je devais partir quelques jours après.

Je fis part de mon projet au commissaire, qui me demanda si j'avais des amis dans cette province.

— Certes, lui dis-je. J'ai tenu garnison à Vannes, à Belle-Isle, à Saint-Malô en 1871 et 1872. Je connais plusieurs grands propriétaires du pays. Et je lui citais quelques noms,connus pour être portés par des légitimistes avérés.

La presse venait de s'occuper de soi-disants dépôts d'armes en Vendée et en Bretagne. On avait même dit que les royalistes avaient de la cavalerie !

— Savez-vous que vous allez tomber en pleine chouannerie, répliqua le commissaire. Vos amis, si ce qu'on dit est vrai, doivent être à la tête des bandes que l'on prétend exister dans ce pays. Je serais bien curieux de savoir si réellement ce parti s'organise.

— Ma foi, répondis-je, il n'est pas probable que, si le fait est vrai, je puisse en savoir quelque chose. D'ailleurs, les conditions dans lesquelles je vais faire mon voyage ne me permettront pas d'aller voir les personnes que je connais.

Et la conversation roula sur un autre sujet, sans que j'eusse prêté la moindre importance aux propos précédents.

Je partis et je fis un voyage exécrable de quinze jours.

Mais avant de partir, me rappelant la conversation que je viens de citer, l'idée me vint de jeter, si possible, le Gouvernement dans un guêpier d'où il lui serait difficile de sortir.

Je me dis que, certainement, si j'offrais habilement au commissaire des renseignements soi-disant recueillis en Bretagne, je pourrais l'amener à me demander de continuer à le tenir au courant des manœuvres royalistes, et de profiter alors de sa confiance en moi pour lui faire accepter, les yeux fermés, tout ce que je voudrais lui donner.

Inévitablement, mis en goût par un premier succès, il voudrait en savoir tous les jours davantage, et en fournissant successivement des pièces de plus en plus compromettantes pour le parti royaliste, arriver à faire procéder à des arrestations suivies d'une interpellation à la Chambre, d'une réponse d'un ministre appuyé sur les preuves fournies par moi, et d'un coup de théâtre venant de la divulgation, preuves en main, de la mystification.

Pour cela faire, il me fallait combiner très habilement mon plan, de façon, avant d'avoir commencé la mystification, à avoir mon dossier complet et ordonné, de telle sorte que je n'eusse plus qu'à fournir au fur et à mesure les pièces et à paraphraser le scénario que j'avais écrit.

Je pensais bien que si je ne demandais rien pour prix de mes révélations, elles pourraient paraître suspectes, mais mon passage dans divers journaux d'opinions opposées devait servir à me donner comme éclectique en fait de principes politiques, et j'avais l'intention de demander une situation officielle une fois le complot découvert.

Je savais bien à l'avance que je ne risquais pas d'être nommé !

Je parlai même de mon projet à deux ou trois personnes qui ne prirent probablement pas mon idée au sérieux.

Rentré à Paris, j'eus soin de ne pas me montrer de quelques jours dans des endroits où je pouvais rencontrer le commissaire.

Pendant ce temps, je fabriquais la charpente du complot.

Avec un atlas, je dessinai des cartes de Bretagne, avec les principales villes, les chemins de fer et les points stratégiques, depuis la mer jusqu'à Paris, en englobant dans ma carte le pays entre Loire et Seine.

Je dessinai des lignes de concentration et de marche sur Paris.

Puis je pris le Bottin, et dans chaque canton, à l'article « châteaux », je pris quelques noms.

Ces châteaux étaient des dépôts d'armes.

Il fallait avoir des signes de reconnaissance.

Je fis broder deux brassards pour les officiers. Ils étaient en soie blanche, avec une fleur de lys en relief, bleue ou verte, suivant la région.

Pour les sous-officiers, de simples galons avec un cœur en drap rouge portant une croix en soie blanche.

Les hommes devaient simplement porter le cœur à la boutonnière.

L'uniforme pour les sous-officiers et la troupe, en

toile grise avec casquette à visière plate, également en toile.

Pour ramifier l'organisation de province avec celle de Paris, je divisais la capitale en deux légions, dites du Centre, se composant chacune de six compagnies de 300 hommes chacune environ.

Une légion sur la rive droite.

Une sur la rive gauche.

Le jour indiqué pour le mouvement, chaque compagnie avait son rôle désigné, soit qu'elles agissent isolément. soit par groupes.

Le régiment des zouaves pontificaux, rassemblé pour la circonstance, devait être le noyau du mouvement.

Je formai avec des noms pris au hasard, sans adresse, dans le Bottin, les cadres et la troupe d'une compagnie, dont je devais moi-même être le chef, comme ayant surpris la confiance des conspirateurs qui m'auraient donné un grade.

Le plus difficile était d'avoir un brevet. J'en fis graver, en secret, par un de mes amis, auquel je donnai un prétexte plausible pour raison de ma demande, une plaque en cuivre avec ces mots, surmontés des armes royales :

AU NOM DU ROI

*Le général en chef des armées de Sa Majesté* ..............................

*confère à M* ..............................

*le grade de* ..............................

*Paris, le 188 .*

*M*

De plus, j'avais écrit quelques lettres particulières se rapportant à ce complot, et que je devais donner pour inspirer plus de confiance, entre autres une lettre portant sur le côté droit supérieur une épée et une croix, avec un 1 et un C, signes qui devaient signifier 1re Légion du Centre.

J'avais tout ce qu'il me fallait sous la main.

Allais-je réussir ?

C'était probable, presque certain.

Je n'avais plus qu'à essayer d'amorcer le Préfet et à le lancer dans une voie désastreuse pour le Gouvernement.

J'avais fait un double de mes pièces, et, sous enveloppe cachetée, j'allai le porter chez un de mes amis, afin de pouvoir le faire produire à la tribune le jour où, si des arrestations avaient lieu, une interpellation serait adressée au Gouvernument.

Je fis alors en sorte de rencontrer le commissaire qui, naturellement, me demanda des nouvelles de mon voyage, mais sans me parler de ce que je pouvais avoir vu.

J'eus soin de dire que je croyais à une organisation secrète.

Sans probablement penser à mal, mon interlocuteur répliqua :

— Moi aussi, et celui qui ferait mettre la main sur les preuves de cette organisation pourrait demander ensuite ce qu'il voudrait.

— Je parie que le Gouvernement donnerait bien vingt-cinq ou trente mille francs ?

— Certainement.

J'étais fixé et je compris que je pourrais faire des ouvertures.

roisième personne arriva sur ces entrefaites, et forcément la conversation prit une autre direction.

J'étais donc bien décidé à lancer l'affaire, et, dans ma pensée, je devais commencer dans deux ou trois jours, quand, en fouillant dans mes papiers, je retrouvai une lettre qui me fit réfléchir profondément.

Cette lettre provenait d'une personne qui aurait été indirectement atteinte par ma mystification et qui m'avait rendu un service très sérieux.

De plus, une fois entré dans ce genre de réflexions, je me souvins que M. Camescasse m'avait aussi, à l'époque où il était directeur de l'administration départementale au ministère de l'intérieur, fait nommer à un emploi dans son son service, et, bien que je ne fusse resté que trois mois dans l'administration, le souvenir du service rendu me rappela que M. Camescasse serait, le cas échéant, la première victime de ma mystification.

Un doute me vint aussi sur les chances de réussite. Il aurait peut-être suffi d'un simple coup-d'œil jeté par M. Camescasse lui-même sur les pièces que je lui aurais fait remettre pour qu'il vît clair dans la mystification, et mon rôle aurait alors été ridicule.

Je décidai brusquement de renoncer à mon projet.

J'allai le lendemain retirer les pièces que j'avais confiées à une tierce personne.

Ce sont ces pièces qui m'ont été dérobées.

Comment ? il est inutile de le raconter.

Cela n'intéresserait personne.

L'auteur de la soustraction a cru que le dossier était sérieux,

Brouillé avec moi, il a probablement espéré me jouer un bien vilain tour en livrant ces pièces à la publicité, croyant sans doute attirer sur moi les rigueurs de la loi.

Mais j'étais tranquille.

J'avais eu soin d'adresser, il y a déjà longtemps, sitôt la soustraction constatée, une lettre à M. Camescasse, avec preuves à l'appui, lettre dans laquelle je lui disais franchement quelle avait été mon intention, et de cette façon, me doutant qu'on ferait usage du dossier dérobé, me mettant en garde contre toute tentative de chantage.

En même temps, le Préfet prévenu, n'avait plus à s'occuper des soi-disant révélations qui pourraient se produire.

L'évènement a justifié mes prévisions.

Quant à ce qui concerne les noms de MM. de Dreux-Brézé, de Larochefoucauld, mis en avant pas certains journaux, je dois déclarer que je n'avais même pas pensé à ces messieurs.

# RÉPONSE AUX JOURNAUX

Avez-vous un penchant pour la mystification ?

Vite on vous fait un procès de tendance... à la mystification, et même à autre chose.

C'est ce qui est arrivé pour le pseudo-complot royaliste.

Que n'a t'on pas avancé sur mon compte ?

Si j'avais voulu rectifier toutes les assertions des journaux, j'aurais été obligé d'user djautant de feuilles de papiers à lettre ou timbré qu'il éclot de calomnies dans un seul article de M. F. Xau.

Aussi vais-je répondre simplement dans cette brochure à chacun de ceux que j'ai lus.

Les journaux peuvent se diviser en :

Journaux sérieux et souvent ennuyeux.

Journaux peu sérieux et encore ennuyeux.

Journaux pas du tout sérieux et toujours ennuyeux.

Ceux qui ne rentrent pas dans une de ces trois catégories, sont peu nombreux et servent à confirmer la règle.

Parmi ceux de la première catégorie se trouve le *Temps*.

Le *Temps* a commencé par reproduire, sans commentaires, l'article du *Gil Blas*, et les jours précédents, il avait dédaigneusement consacré quelques lignes à la *République radicale* dont il niait, à l'avance les renseignements.

Il a fait suivre la lettre rectificative et explicative d'une version de fantaisie, dans laquelle il exalte la finesse du Préfet et prétend que j'ai reçu de l'argent de la main de ce haut fonctionnaire.

Je me contente de démentir le fait d'avoir reçu de l'argent et quant au Préfet, il n'a aucun rôle à jouer dans cette affaire. Il n'a pas à se défendre contre une mystification, à laquelle, ainsi que je l'ai dit dans le précédent chapitre, il ne se serait peut être pas laissé prendre.

Le *National*, toujours dans la première catégorie, par la plume de M. Paul Foucher, qui m'a tout l'air d'un puritain, à tête ronde et à bec pointu, me traine aux gémonies et *invente* une appelation, celle d'*Une certaine presse*, employée, je crois, déjà du temps de Guttenberg.

Je me suis toujours fou..cher des farceurs qui s'indignent à froid !

La *France* a trouvé une note drôle.

« Il se pourrait, dit-elle, que M. Xau eut été la victime de M. de Cadel, et que cette histoire eut pour objet de masquer un réel complot royaliste, misérablement avorté . . . . . . . . . . . . . . . . . . .
. . . . . . . . . . . . . . . . . . . . . . .

« Nous attendons d'autre part, ce que va dire M. de Charette de l'apposition de sa signature au bas d'un document apocrydhe. C'est là un acte grave et qu'il ne peut laisser passer sans protester. »

Je paie des guignes à M. Ch. Limousin s'il veut bien me prouver que j'ai apposé la signature de M. de Charette au bas d'un document apocryphe, pourquoi M. Ch. Limousin ne demande-t-il pas à Henri IV de protester contre l'apposition de sa signature au bas d'une des nombreuses lettres que les auteurs dramati-ues ont fait remettre en scène, à des tas de belles Gabrielles ?

*Paris* est toujours bien le journal du fameux.... Comme la lune.

Il a trouvé des détails ébourifants ! Nous serions blâmables de ne pas les donner dans toute leur beauté !

Les voici :

« Il y a quelques temps, le préfet de police fut prévenu par un des fonctionnaires de son administration qu'un personnage connu dans le monde légitimiste et dans certains organes de la presse, sous le nom de P. de B., désirait lui faire des révélations sur un complot royaliste formé entre les principaux chefs reconnus du parti légitimiste.

En même temps, on remettait au préfet, comme pièces à l'appui, des papiers à première vue d'une certaine importance, où se voyait la signature du marquis de Beaurepaire, de M. de Dreux-Brézé, du général de Charette, etc.; des ordres de commandement, des brevets timbrés, etc., et, enfin, une plaque de cuivre gravée ayant dû servir au tirage de quelques unes de ces pièces, — plaque où se lisent en gros caractères ces mots : Au nom du Roy.

Le préfet de police serra toutes ces pièces dans un tiroir, prévint le gouvernement, comme c'était son devoir, et commença de sérieuses investigations qui, en trois jours, le mirent au courant de l'affaire.

M. P. de C. s'était entendu avec les membres du parti légitimiste qui siègent encore à la Chambre, dans le but de les mettre à même de monter à la tribune, ayant en main le double des pièces envoyées à la préfecture de police, et de répondre au gouvernement par un formidable éclat de rire, le jour où celui-ci viendrait révéler les soi-disant agissements du parti royaliste.

Quelques semaines se passèrent encore ; les royalistes ne voyant rien venir commençaient à perdre patience, et M. P. de C., harcelé, se décida à porter le double des pièces qu'il avait fait parvenir à la préfecture de police à M Laisant, qui accueillit avec empressement les fameuses pièces et les soi-disant révélations.

Naturellement, la préfecture qui, deux jours après la visite de M. P. de C., savait à quoi s'en tenir sur l'authenticité des papiers qui lui avaient été remis (le préfet ayant fait relever au ministère de la guerre la signature du général Charette qui se trouve à profusion dans les pièces relatives à la guerre de 1870-71, avait acquis la certitude que celle qui lui avait été remise était fausse), la préfecture, disons-nous, ne bougea pas davantage malgré les révélations du journal de M. Laisant, pourtant, de jour en jour plus pressantes, qu'elle n'avait bougé après l'entrevue avec le sieur P. de C.

Le fameux révélateur alla trouver le rédacteur d'un journal du matin, auquel il confia encore une fois le secret du complot. Ce journaliste, changeant de tactique, au lieu de pousser la préfecture à faire la révélation attendue par le parti mystificateur, prononça le premier le mot de mystification, qui fit le tour de la presse intéressée à le propager.

Aujourd'hui l'affaire en est là. M. P. de C... écrit aux journaux des lettres tendant à faire croire que les papiers portés à la préfecture lui ont été volés.

C'est une façon de se dérober qui ne trompera personne. Pourtant, il est vraisemblable que le rédacteur du journal dont nous parlons plus haut ne voudra pas rester sous le coup du démenti que lui adresse M. P. de C..., et les explications qui vont en résulter seront curieuses à connaître.

Nous en ferons part à nos lecteurs.

A ce compte le secret que je confie successivement à tout le monde serait celui de Polichinelle !

J'affirme sur l'honneur que M. Ch. Laurent ne m'a jamais rien confié !

Qu'il s'arrange pour le reste avec M. Laisant.

La *Bataille* A CRIÉ contre le Préfet, et profite de cela pour demander l'amnistie pleinière pour les condamnés politiques.

Elle m'appelle agent secret.

Tellement secret que le Préfet lui-même ne savait rien de ma qualité,

La *Lanterne* est dans la série des journaux peu sérieux.

Elle n'a pas tout dit sur ce complot, écrit-elle.

Ça, ce n'est pas bien.

J'avais peut être oublié de confectionner une pièce.

Bonne *Lanterne*, éclaire-moi.

L'*Evènement* veut bien m'appeler fumiste.

Probablement en vertu du proverbe : Il n'y a pas

de feu sans fumée, et par conséquent sans fumiste ensuite.

Voyons, mon cher Dubreuil, vous avez tout ce qu'il faut pour être bien renseigné. Paurquoi vous lancer ainsi ? Il n'y a pas qu'un âne qui *brâme*.

Le *Gil Blas* a reçu la réponse qu'on a pu lire dans ous les journaux.

C'est affaire estmaintenant entre les tribunaux et ce journal.

Quant à M. Xau, il encaissera certainement autre chose que le prix de ses deux articles.

Le temps me manque pour répondre à tous les journaux. Il me faudrait alors faire un volume in-quarto.

# CONCLUSION

Beaucoup de bruit pour rien.

Chacun a dit son mot, tâchant de tirer parti dans son intérêt de ce qu'il croyait savoir.

On a beaucoup injurié, beaucoup récriminé, beaucoup inventé sachant fort bien, au fond, que toute cette affaire n'était pas sérieuse.

Je pourrais à mon tour beaucoup injurier, et avec raison.

Je préfère ne dire que la vérité.

PECH DE CADEL.

# TABLE

IMPRIMERIE DE L'OUEST ET DU COMMERCE
J. DENOLLY, DIRECTEUR

www.ingramcontent.com/pod-product-compliance
Lightning Source LLC
LaVergne TN
LVHW010303230826
846091LV00007BB/2683